내 동생도 알아듣는

쉬운 정치

김경락 글 | 이민혜 그림

사계절

차례

작가의 말 여러분이 소중히 여기는 가치는 무엇인가요? • 4

1장 정치란 뭘까?
정치는 생각보다 가까워 • 8
정치란 가치를 나누는 일 • 10
지금 여러분도 정치를 하고 있어요 • 12

2장 정치에는 여러 체제가 있어
우리 곁의 자유와 평등 • 18
자원을 나누는 기준에 따라 정치 모습은 달라요 • 20
자유가 중요해? 평등이 중요해? • 21
최소한의 자유와 평등을 지켜 줘! • 24

3장 민주주의 국가의 기본 요소, 선거와 기본권!
민주주의란 뭘까? • 28
선거는 민주주의의 꽃 • 30
선거보다 더 중요한 건? • 35

4장 많이 아팠던 우리나라의 민주 정치
대한민국은 민주주의 공화국이다! • 40
민주주의, 이상과 현실은 달랐어! • 42
갑자기 민주주의가 시작되다 • 44
무늬만 민주주의 아니에요? • 47

5장 견제와 균형이 필요해
완벽한 인간은 없어요 • 52
삼권을 분립하라! • 54
의원 내각제와 대통령제에 대해 살펴보자 • 57

6장 거리에서도 광장에서도 정치를 해
민주 정치 체제 내에서의 불만 해결법 • 62
다양한 불만은 어떻게 수용될까? • 64
불만을 직접적으로 표현하는 방법 • 66

7장 지방 자치는 점점 중요해질 거야
마을 일은 마을 사람들이 결정해요 • 72
지방 자치란 뭘까? • 74
지방 자치는 누가, 무엇을 결정하나? • 75
지방 정치에도 돈이 필요해 • 77
점점 발전하는 지방 자치를 기대해! • 79

8장 이웃 나라와의 관계도 우리네 정치에 큰 영향을 줘요
남의 나라 이야기가 아니야 • 84
국제 정치를 이해해야 하는 이유 • 86
북한을 둘러싼 한·중·일 삼국지 • 88
한반도 밖 국제 정치에 귀를 기울여요 • 93

작가의 말

여러분이 소중히 여기는 가치는 무엇인가요?

"학교 늦겠다!" 엄마의 채근으로 아침을 시작해요. 아빠는 벌써 출근했고요. 아빠는 매일 새벽에 일어나 아침도 안 먹고 집을 나가요. 나는 오전 수업을 마치면 급식을 먹어요. 졸린 눈 비비며 오후 수업을 듣고 나면 친구들은 뿔뿔이 학원으로 흩어지지요. 영어, 피아노. 오늘은 두 군데만 찍으면 돼요. 6학년이 되는 내년엔 피아노 학원 대신 수학 학원에 가야 한대요. 저녁은 친구들과 학원 앞 분식점에서 떡볶이와 어묵으로 때웠어요. 에이, 참. 친구들과 좀 더 수다를 떨고 싶은데 엄마가 저기 오시네요.

엄마는 내가 태어나기 전까지만 해도 출판사에서 동화책을 만들었대요. 엄마는 나를 돌보기 위해 회사를 그만뒀다고 합니다. 내가 3학년이 될 즈음, 엄마는 새 일자리를 찾았어요. 방과 후 수업 논술 선생님이죠. 엄마는 다시 동화책 만드는 일을 하고 싶었지만 자리가 없었대요. 난 좋아요. 엄마가 매일 저녁 날 데리러 올 수 있으니까요. 어떤 친구들은 불 꺼진 집에 들어가기 싫어 공원에서 한두 시간 보내요. 한 가지 소원이 있다면 아빠가 일찍 집에 오는 거예요. 아빠 얼굴을 한 번도 보지 못하고 하루를 보낼 때가 많거든요.

하루는 그냥 만들어지지 않았습니다. 우리의 하루는 어떤 '조건' 속에 흘러갑니다. 그 조건은 사람이 만들었죠. 사람의 힘으로 만들어졌기에 바꿀 수도 있습니다. 옛날에는 모든 아이들이 초등학교를 다닌 건 아닙니다. 일하는 아이들도 많았어요. 아동 노동이 금지된 건 오래된 일이 아니죠. 이 세상 모든 아이들이 여러 학원을 뺑뺑 돌거나 아빠 얼굴을 하루 종일 못 보고 잠드는 건 아닙니다. 엄마가 경력 단절이 된 것도 마찬가지죠. 바로 어떤 조건이 만든 결과입니다.

'조건'은 어떻게, 누가 만드는 걸까요? 여러 답이 있지만 '정치(인)'를 빼놓을 수가 없죠. 정치는 '가치'를 강조합니다. '아동 노동 금지'는 '아이들은 마땅히 기본 교육을 받아야 한다'는 가치에 많은 사람이 공감해서 도입됐습니다. 여러분이 텔레비전 뉴스를 보거나 인스타그램에 사진을 올릴 수 있는 것도 '자유'란 가치를 모두 소중히 생각하기 때문에 가능한 일입니다.

가치 실현의 길목에 '정당'이 있습니다. 정당은 특정한 가치를 지향하며 이를 실현하려는 사람들의 모임입니다. 정당은 자신들이 추구하는 가치를 고려해 정책을 내놓습니다. 투표 또는 선거는 여러 정당(인)이 서로 달리 제시한 가치 중 하나를 고르는 일입니다. 투표는 가치 선택의 과정이죠. 법과 제도도 정치가 만듭니다. 선거로 '선택'된 정당은 법과 제도를 통해 자신들의 가치를 여러분의 삶에 강제합니다. 이로써 여러분의 삶의 '조건'이 만들어집니다. 이처럼 정치는 멀리 있지 않습니다. 여러분의 삶 깊숙이 들어와 있죠.

정치가 우리 삶에 영향을 주지만 거꾸로 우리가 정치를 바꿀 수도 있습니다. 정치는 사람이 하는 거니까요. 선택된 정치인이 약속한 가치를 실현하지 않거나 시민 다수의 믿음과는 동떨어진 가치를 밀어붙일 때 시민은 다양한 방식으로 질책할 수 있습니다. 정치의 시작은 각자가 소중히 여기는 '가치'가 무엇인지를 살펴보는 일입니다. 여러분은 어떤 가치를 추구하나요?

1장

정치란 뭘까?

정치는 생각보다 가까워

한 학년이 올라가면 새로운 친구들과 선생님을 만나요.

우아, 새롭다!

물론 같은 반이었던 친구와 또 같은 반이 되기도 하죠.

서희야, 안녕?

다현아, 또 만났네.

알고 지내던 친구와 같은 반이 되기도 하고요.

해인아, 이따 학원에서 만나.

3시까지 갈게.

새 교과서도 받지요. 엄마가 새 책가방과 연필, 지우개를 사 주기도 해요.

우아, 새 거야.

가장 두근거리는 일 중 하나는 바로 자리를 배치받는 거예요.

누구게?

누구랑 짝꿍이 될지, 칠판과 가까운 자리에 앉을지, 아니면 뒤쪽에 앉을지는 여러분 모두 관심을 기울이는 일이잖아요?

그런데 혹시 여러분은 어떤 기준으로 자리를 배치받았나요?

그러면 이런 기준이나 규칙은 누가 정했나요?

저학년일 때는 주로 담임 선생님이 정해요. 고학년 언니, 오빠들은 직접 토론해서 정하기도 하지요.

어떤 기준과 규칙에 따라 자리를 정하는 게 가장 바람직한지 각자 의견을 내고, 그것을 바탕으로 토론을 해서 정하는 거예요.

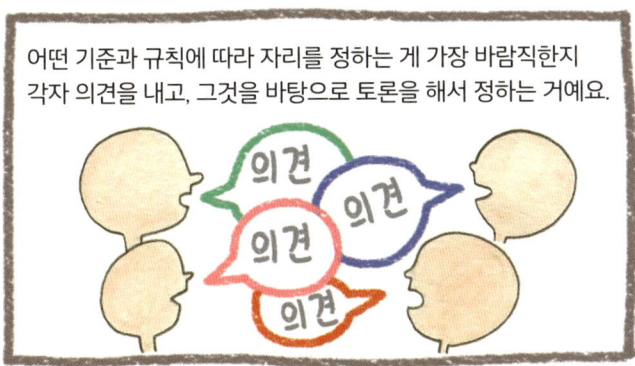

토론 과정에서 가장 논리적이고 타당한 의견, 공감을 많이 얻은 주장이 뽑히겠지요.

정치란 가치를 나누는 일

우리가 날마다 쓰고 있는 '자원'은 언젠가 바닥을 드러낼 거예요. 끝이 있으니 마구잡이로 쓸 수 없고, 아무에게나 무한정 퍼 줄 수도 없어요. 그래서 자원을 나누는 일정한 기준과 잣대를 정하는 과정은 매우 중요합니다.

대부분의 경우 자원은 어떤 기준으로 나뉠까요? 맞아요. 각각에 매겨진 가격에 따라 누구는 사고 누구는 팔지요. 가격은 돈으로 표현이 되고요. 사려는 사람이 많으면 가격이 오르고 팔려는 사람이 많으면 가격은 내려요. 가격은 이렇게 사려는 사람, 팔려는 사람이 흥정하는 과정에서 정해져요. 흥정을 하는 공간을 '시장'이라고 부르죠. 어떤 권력자나 법률이 정하는 것이 아니라 시장에서 정해지고, 그에 따라 자원이 배분됩니다.

하지만 '시장'에서 모든 걸 정하지는 못합니다. 때로는 시장이 정해서는 안 되는 것도 있고요. 교실에서 자리가 흥정을 통해 정해진다면 여러분은 '옳지 못하다'고 느낄 거예요. 시장이 모든 걸 정해 버린다면 세상은 그야말로 좀 암울할 거예요. 부자들만 더 많은 자원을 갖게 될 테고, 이에 대한 반발로 사회 갈등은 심해질 겁니다.

바로 여기에도 '정치'가 자리 잡고 있어요. 시장이 하기 어려운, 때로는 해서는 안 되는 영역을 정치가 하고 있죠. 어떤 영역이 여기에 해당할까요? 돈으로만 매길 수 없는, 혹은 돈으로는 평가할 수 없는

것들 말이에요.

예컨대 이런 게 있죠. 부자든 가난한 사람들이든 간에 최소한의 인간다운 삶을 지켜 주는 일, 어렵더라도 누구에게나 글쓰기와 말하기를 배울 권리를 보장하는 일, 자유롭게 말하거나 말하지 않을 수 있도록 하는 일, 모든 사람에게 똑같은 기회를 부여하는 일 같은 것들이 떠오르네요. 이런 것들은 모두 돈으로만 평가하고 결정할 수 없는 일이죠.

이런 영역을 우리는 '가치 영역'이라고 말해요. '이건 좀 더 가치 있는 일이다'라고 말할 때 바로 그 가치이죠. 정치란 바로 이런 가치를 나누고 정하는 일이라고 할 수 있어요. 모두에게 인간다운 삶을 보장한다는 가치를 지키고, 또 어느 수준까지 보장할지를 정하는 것이 바로 정치가 하는 일이라고 할 수 있어요.

지금 여러분도 정치를 하고 있어요

여러분은 정치 하면 무엇부터 떠오르나요? 대통령, 선거, 국회 의원, 정당, 투표, 시장……. 네, 맞아요. 그것도 역시 정치이지요. 뭐라고요? 정치란 가치를 나누는 일, 거기에 선거며 정치며 정당이며 모두 정치라니 헷갈린다고요? 네, 그럴 수 있어요.

이렇게 생각해 봐요. 가치는 저마다 생각하는 게 다를 거예요. 철수가 중요하다고 생각하는 가치와 고은이가 강조하는 가치는 다를 수 있어요. 또 가치를 기준으로 뭔가를 나눈다고 할 때에도 도대체 누가 나누어야 바람직한가 하는 문제도 있죠.

정치는 서로 다른 가치를 강조하는 사람들 간에 대화와 토론, 경쟁을 통해 되도록 많은 사람들이 공감하는 가치를 찾아내고 많은 사람들이 공감한 가치를 주장하는 사람에게 '권위'를 주는 일이기도 해요.

앞서 여러분이 말한 대통령, 시장, 국회 의원들은 바로 '선거' 과정

을 통해 국민들에게 권위를 인정받은 사람들인 거죠. 대통령이 되고 싶은 사람들은 저마다 중요하게 생각하는 가치를 앞세우고, 국민들은 그중에서 각자 공감 가는 가치를 강조한 후보에게 표를 던지고, 가장 많은 표를 얻은 사람이 대통령이 됩니다. 대통령은 그래서 그 나라에서 가장 많은 사람들이 공감하는 가치를 추구하는 사람이며, 그 가치에 따라 법과 제도를 만들고 세금도 걷고 쓰며 자원을 국민들에게 나누어 주는 일을 합니다. 이 모든 과정이 다 '정치'라고 할 수 있습니다.

그런데 말이에요. 여러분은 투표할 나이는 아니지만 사실 지금도 정치를 하고 있답니다. 다시 처음으로 돌아가 봐요. 교실에서 자리를 배치하는 이야기를 했어요. 자리 배치는 돈이 결정하는 것도 아니라고 했지요? 자리가 바로 자원이며, 그 배분은 시장(돈)이 아니라 가치에 따라 이뤄집니다. 키가 작은 사람이 앞자리에 앉는 게 더 바람직하다고 생각하는 사람이 많으면 그런 가치 판단에 따라 자리 배치가 이뤄질 테고, 반대로 학교에 일찍 오는 친구가 앞자리에 앉는 게 더 낫다고 보는 친구가 많으면 그런 가치 판단에 따라 자리 배치

가 이뤄지죠. 어떤 생각이 더 나은지를 정하기 위해 토론도 할 수 있고 투표도 할 수 있어요. 어쩌면 여러분의 투표로 권위를 인정받은 '반장'이 정할 수도 있겠죠.

어때요? 정치가 정치인이나 정부만 하는 건 아니죠? 그래요. 정치는 우리의 일상생활과도 매우 밀접하게 닿아 있어요. 여러분도 알게 모르게 '정치'를 하고 있답니다.

2장
정치에는 여러 체제가 있어

우리 곁의 자유와 평등

간섭하지 마세요!
자유 시간을 좀 주세요!

엄마, 아빠나 선생님한테 이런 말을 해 본 적 있나요? 입 밖으로 꺼내지는 않아도 이런 말을 하고 싶을 때가 아주아주 많을 거예요.

자유, 이 세상 대부분 나라들이 추구하는 이 가치는 어려운 의미를 담고 있는 건 아닙니다.

여러분이 하고 싶은 저 말 속에 그 의미가 거의 다 담겨 있다고 봐도 괜찮아요.

자유는 '자신의 뜻에 따라 마음대로 할 수 있는 권리'라고 생각할 수 있어요. 어때요? 딱 와닿지요?

부모님이나 선생님 뜻에 따라 공부를 하거나 학원에 가고 운동을 한다면 어떤 기분이 들까요?

아무래도 자유롭지 못하다고 느낄 겁니다. 누가 시켜서 뭔가를 한다면 충분히 자유를 누리고 있다고 할 수 없을 거예요.

그 반대도 마찬가지예요. 자신의 뜻에 따라 아무것도 하지 않을 수 있는 것도 자유라고 할 수 있어요.

평등은 뭘까요? 이 또한 여러분이 일상생활에서 자주 쓰는 말이에요.

달리기 시합할 때 선생님이 학생마다 출발선을 다르게 정한다면 여러분은 아마도 '불평등하다'고 여길 거예요.

또 키가 작다(또는 크다)는 이유만으로, 여자(또는 남자)라는 이유만으로 운동 시합에 참여할 기회조차 얻을 수 없다면 평등하다는 생각이 들지 않을 겁니다.

이런 건 또 어떨까요? 같은 반 친구 중에 누구는 집안이 넉넉해서 값비싼 과외를 받는데, 또 다른 친구는 가족을 위해 일을 하느라 학교 수업에도 제때 나오지 못한다면 여러분 마음도 불편할 거예요.

같은 반 친구들끼리 집안 형편이 너무 차이가 날 때 '나는 평등한 나라에 살고 있나?'라는 의문을 자연스레 갖게 되죠.

이처럼 한 나라 또는 사회 구성원이 모두 같거나 비슷한 기회를 가질 수 있을 때, 또 개인의 능력에 따라 보상의 차이가 있다고 하더라도 너무 크지 않을 때 평등하다거나 평등한 사회라고 할 수 있어요.

자원을 나누는 기준에 따라 정치 모습은 달라요

나라마다 정치의 모습은 많이 다릅니다. 또 같은 나라라고 하더라도 시기에 따라서도 차이가 나요. 이런 차이는 무엇 때문에 생겨나는 걸까요?

정치란 돈으로 따지기 어려운 '가치'를 나누는 행위이기도 하다고 했어요. 나라마다 정치가 다른 모습을 띠는 것도 이 때문입니다. 그렇죠. 어떤 가치를 추구하느냐, 공감하느냐에 따라 정치 모습이 달라져요.

오늘날 어떤 정치 체제를 갖고 있든지 간에 공통적으로 추구하는 가치는 있어요. 수백 년 동안 여러 가치들이 서로 경쟁하고 갈등하면서 많은 사람들이 공감하며 으뜸으로 꼽는 가치가 있어요. 바로 여러분이 잘 아는 자유와 평등입니다.

그러면 모두 같은 가치를 추구하는데 나라마다 정치의 모습이 다른 이유가 궁금할 거예요. 이렇게 이야기해 볼 수 있습니다. 자유와 평등 중 어떤 가치를 좀 더 강조하느냐에 따라 정치를 구분해 볼 수 있다고요.

네, 그래요. 자유와 평등을 모두 추구해야 한다는 데는 공감을 하지만, 그중에서도 자유에 좀 더 무게를 두는 정치 체제가 있고, 그 반대로 평등을 더 강조하는 체제가 있습니다.

자유가 중요해? 평등이 중요해?

여기서 궁금증이 들 법합니다. '내 마음대로 해도 된다면 어디까지 마음대로 해도 되나?', '능력이나 재능이 달라도 모두 똑같은 대접을 받아야 하나?', '자유와 평등은 똑같은 무게로 동시에 추구될 수 있는 걸까?', '자유와 평등은 서로 밀고 당기는 관계가 아닐까?'란 질문 말이죠. 금세 떠오르는 질문이지만 이에 대한 답을 찾기란 매우 어려워요. 사실 오늘날 나라마다 정치 체제가 서로 다른 모

습을 보이고 있는 것도 바로 이 때문이에요.

자유와 평등을 '어느 수준까지' 보장하느냐란 질문에 대해 나라나 사회마다 그 생각이 다르고, 그 생각에 따라 다른 정치 체제가 만들어진 거란 뜻이에요.

오늘날 정치 체제를 크게 나눠 보면 영미식 체제와 유럽식 체제로 구분할 수 있어요. 영미식 체제란 영국이나 미국과 엇비슷한 정치 체제를, 유럽식 체제란 주로 북유럽 국가나 프랑스와 비슷한 정치 체제를 가리키죠.

영미식 체제는 비교적 자유란 가치에, 유럽식 체제는 상대적으로 평등이란 가치에 좀 더 무게를 둔다고 할 수 있어요. 우리나라를 포함해 대부분 나라들은 영미식과 유럽식 체제 사이의 어디쯤에 자리를 잡고 있죠. 물론 같은 나라 안에서도 시대에 따라서 영미식에 좀 더 가까웠다가 다시 유럽식에 더 다가서기도 해요. 그 반대의 경우도 아주 많고요.

이는 자유와 평등이 동시에 똑같이 추구하기에는 어려운 성질이기 때문이기도 해요. 자유를 많이 추구하다 보면 평등이란 가치가 조금 뒤로 밀리고 평등을 추구하다 보면 자유가 밀리게 되는 거죠.

자유와 평등이란 가치가 서로 충돌하는 지점이 가장 잘 보이는 영역이 바로 '경제'입니다. 사실 영미식과 유럽식을 구분할 때 자주 사용되는 잣대도 경제적 자유를 어디까지 보장하느냐라고 할 수 있어요.

자유에 가치를 두는 영미식 체제

자유로운 경제 활동을 폭넓게 보장한다.

평등에 가치를 두는 유럽식 체제

세금을 많이 걷어 복지 제도를 탄탄하게 운영한다.

자유를 강조하는 영미식 정치 체제에선 개인이든 기업이든 자유로운 경제 활동을 폭넓게 보장해요. 개인이나 기업이 만들고 싶은 물건을 마음껏 만들 수 있고 팔고 싶은 물건도 마음껏 팔 수 있게 하는 거죠. 그렇게 해서 돈을 번다면 이건 그의 노력으로 인정해 주고 세금도 적게 물립니다.

평등을 강조하는 유럽식 정치 체제에선 상대적으로 경제적 자유를 제약합니다. 평등이란 가치를 중요하게 여기기 때문이에요. 가장 큰 특징은 세금을 많이 걷고 그 돈으로 두터운 복지 제도를 운영한다는 데 있습니다. 부자에게 세금을 걷어 가난한 사람을 도와주는 일이다 보니 자연스레 사람들 간의 재산의 격차는 줄어들게 되어요.

최소한의 자유와 평등을 지켜 줘!

이런 차이에도 불구하고 최소한의 자유와 평등은 보장해야 한다는 데는 이견이 없어요. 남에게 자신의 뜻대로 말을 하거나 글을 써서 알릴 수 있는 자유, 살고 싶은 곳을 찾아서 이사할 수 있는 자유, 원하는 일을 할 수 있는 자유 등은 대부분 나라들이 반드시 보장해야 할 가치로 여기고 있어요. 또 능력이 된다면 어떤 직업이든 간에 선택할 수 있는 자유도 반드시 지켜야 할 가치로 봐요.

마찬가지로 피부색이나 성별, 돈의 많고 적음과 상관없이 일정한 나이가 되면 모든 사람이 투표를 할 수 있는 권리를 보장해 준다거나 일정한 수준까지는 모든 사람이 기본 교육을 받을 수 있게 하거나 아무리 능력이 없고 몸이 약하더라도 최소한의 삶은 유지할 수 있도록 국가가 도와줘야 한다거나 하는 건 최소한의 평등은 보장해야 한다고 보기 때문이죠.

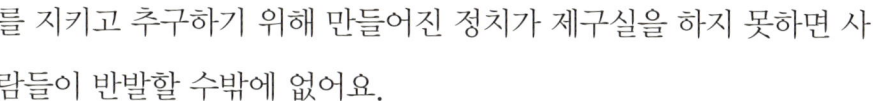

 이런 최소한의 자유와 평등이 무너질 때나 위협을 받을 때 그 나라나 사회는 불만이 들끓게 되기 마련이죠. 자유와 평등이란 가치를 지키고 추구하기 위해 만들어진 정치가 제구실을 하지 못하면 사람들이 반발할 수밖에 없어요.

 그런 경우가 있냐고요? 자유와 평등이 위협받거나 훼손되는 경우는 역사를 살펴보면 자주 있었습니다. 우리나라도 여기에서 빠지지가 않고요. 자유와 평등이 모두가 추구하는 가치이지만 동시에 모두가 지켜야 하는 가치이기도 한 이유죠.

민주주의 국가의 기본 요소,
선거와 기본권!

민주주의란 뭘까?

오늘날 우리나라를 비롯해 많은 나라들이 채택하고 있는 '정치 체제'는 '민주주의'입니다. 자주 쓰거나 듣는 말이죠?

하지만 그 뜻이 무엇인지 정확히 알기는 어려울 거예요. 사실 민주주의는 매우 많은 뜻을 갖고 있어요.

그중에서도 널리 알려진 뜻은 '국민의', '국민에 의한', '국민을 위한' 정치 체제를 민주주의라고 한다는 거예요. 국민이 원하는 가치를 추구하는 정치 체제죠. 이 말은 인종 차별을 없애자고 주장했던 미국의 옛 대통령 링컨이 했어요.

에이브러햄 링컨

정부는 국민에 의해 선출돼야 하고, 국민을 위해 일하며, 국민 그 자체여야 한다고 봅니다.

민주주의는 한자 말이에요. 한자 말 그대로 뜻풀이를 하면 '백성이 주인인 정치 체제'라고 할 수 있어요. 어때요? 링컨 대통령의 뜻풀이와 비슷하죠?

우리나라를 비롯해 많은 나라들이 민주주의를 정치 체제로 삼고 있답니다.

선거는 민주주의의 꽃

민주주의는 백성이 주인인 정치 체제라고 했어요. 그럼 백성, 즉 국민이 나라 안의 주요한 의사 결정을 해야겠지요? 백성이 주인이면서 주인이 아닌 남에게 그런 의사 결정을 맡긴다는 것은 상상하기가 어려워요.

민주주의의 역사를 거슬러 가면 그리스 아테네에선 이런 일을 국민(시민)이 직접 했다고 해요. 주요한 의사 결정을 해야 할 필요가 있을 때마다 나라 안 국민들이 모두 한곳에 모였어요. 각자의 의견을 충분히 말하고, 의견이 다르면 토론을 벌였어요. 대화와 토론을 통해 의견이 모아질 때도 있지만, 그렇지 않을 때는 투표를 했지요. 표가 가장 많이 몰린 의견이 아테네의 의견이 되는 거예요. 참! 아테네에서도 모든 국민이 의사 결정에 참여를 한 것은 아니었어요. 노예와 여성은 이런 모임에 참여하지 못했죠. 노예와 여성은 국민이 아니라고 봤기 때문이었어요.

아테네처럼 국민이 직접 모든 의사 결정에 참여하는 민주주의를 그렇지 않은 민주주의와 비교하기 위해 '직접 민주주의'라고 불러요. 국민이 '직접' 정치에 참여한다는 점을 강조한 표현이죠. '직접'의 반대말은 뭐죠? 그렇지요. '간접'이에요. 우리가 익히 알고 있는 민주주의는 직접 민주주의라기보다는 '간접 민주주의'라고 할 수 있어요.

간접 민주주의에선 선거가 무엇보다 중요해요. 국민의 대표를 뽑는 일이죠. 생각해 봐요. 지금처럼 국민이 많은 나라에서 어떻게 모든 국민이 중요한 문제 하나하나마다 모여서 의견을 내고 토론할 수 있겠어요? 다 모일 공간을 마련하는 것부터 어려울 거예요. 이렇다 보니 직접 민주주의는 현실적으로 어렵고, 그 대신 국민의 대표를 뽑

아, 그들이 모여서 중요한 결정을 하죠.

그래서 간접 민주주의에선 선거가 중요해요. 국민의 대표를 뽑는 선거가 불공정하게 이뤄진다면 제대로 된 대표, 즉 국민의 뜻을 잘 반영할 사람을 뽑을 수 없겠지요.

여러분, 선거에 누구나 참여할 수 없었다는 사실을 혹시 아나요? 지금은 성인이 되면 누구에게나 투표할 수 있는 권리가 있잖아요. 매우 상식적인 일처럼 여겨지지만 과거를 돌이켜 보면 투표권을 모든 사람에게 주기까지는 참 많은 일들이 있었어요. 지금처럼 투표권을 누구나 가질 수 있었던 것은 20세기에 들어와서랍니다. 불과 100년 정도밖에 되지 않았다는 얘기이지요.

처음에는 대체로 재산이 있는 사람만 투표할 수 있었다고 해요. 그것도 남성만 가능했죠. 재산이 없거나 여성은 국민이 아니라고 봤던 거예요. 재산이 없거나 여성인 사람은 나라의 중요한 결정에 참여할 능력이 없다고 봤어요. 어처구니없는 생각이지요?

결국 이 시절의 민주주의는 매우 불완전한 민주주의였던 셈이에요. 국민 중 매우 일부만 주인인 정치 체제였으니 무늬만 민주주의라고 할 수 있어요. 재산이 없는 남성이나 여성은 투표를 할 수 없으니 대표도 될 수가 없었겠지요.

우리나라는 1945년 일본으로부터 해방이 되고 1948년에 정부가 수립되면서 처음부터 여성도, 재산이 없는 사람도 다 투표권을 갖게 됐어요. 민주주의가 시작되면서부터 모든 사람이 국민으로 인정받고 투표도 하고 대표도 될 수 있었으니, 상대적으로 투표권을 확대하는 과정 자체가 없었지요.

하지만 다른 나라, 특히 서양에서는 제도적으로나 실질적으로나 전 국민이 국민으로서 인정받기까지는 많은 어려움과 싸움이 있었어요. 민주주의 국가의 대표 격이라고 할 수 있는 미국만 해도 그래

우리나라 여성들은 처음부터 투표권이 있었지!

요. 1960년대, 그러니까 불과 50여 년 전만 해도 흑인들은 국민의 대표가 되기 어려웠어요. 링컨 대통령이 인종 차별을 없애자고 목소리를 높였으나 차별이 사라지지 않았던 거예요. 1960년대 미국 사회를 들여다보면 흑인들은 대표가 되기는커녕 버스에서 마음대로 앉을 수도 없었다고 해요. 백인들이 가는 식당에 들어갔다간 몰매를 맞기도 했어요.

여하튼 선거는 민주주의에서 매우 중요한 정치 행위라고 할 수 있지요. 선거가 '민주주의의 꽃'이라는 말도 이런 배경에서 나왔고요. 그래서 부정 선거는 민주주의 국가에서는 매우 중대한 범죄 행위에 속해요. 민주주의 정치 체제의 뿌리를 흔드는 일이니까요. 실제로 부정 선거는 정부를 뒤엎는 거대한 시위의 물결을 낳기도 했지요. 우리나라 역사에도 이런 아픈 사건이 있었어요. 바로 '3·15 부정 선거'예요.

1960년 3월 15일에 치러진 선거죠. 대통령과 부통령을 뽑는데, 이 과정에서 갖가지 나쁜 일들이 벌어졌지 뭐예요. 경쟁자의 후보 등록을 폭력을 써서 방해하거나, 경찰 등을 동원해 유권자를 겁박하는 일이 벌어졌어요. 공개 투표를 유도하기도 했죠. 심지어 투표 결과도 조작을 했어요. 한마디로 민주주의의 꽃이 더러워진 거죠. 결국 이 사건으로 당시 권력을 쥐고 있던 이승만 정부는 시민들의 거센 반발에 몰려 정권을 내놓아야 했어요. 4·19 혁명도 3·15 부정 선거 때문에 일어난 거죠.

선거보다 더 중요한 건?

선거를 통해 이뤄지는 간접 민주주의는 그 속성상 완전한 민주주의라고는 할 수 없어요. 왜냐고요? 생각해 봐요. 간접 민주주의 아래에서 국민은 선거일 딱 하루만 자신의 권리를 행사할 수 있는 거잖아요. 국민을 대표할 수 있겠다 싶어 뽑은 국민의 대표가 정작 당선되고 나서는 국민의 뜻과 무관하거나 뜻에 반하는 의사 결정을 해도 간접 민주주의 아래에선 어쩔 수 없어요.

그래서 간접 민주주의 체제를 따르고 있더라도 그 한계를 보완할 수 있는 제도를 대부분의 나라들은 갖추고 있어요. 그중 하나가 '탄핵 소추'라는 거지요. 어려운 말이지만 그 원리는 간단해요. 선거에 뽑힌 국민의 대표가 국민의 뜻과는 반대되는 활동을 할 경우 다시 끌어내릴 수 있도록 하는 제도가 바로 탄핵 소추예요.

우리나라는 국민 대신 국회 의원과 헌법 재판소가 탄핵 소추 권한을 갖고 있어요. 대통령을 탄핵하는 과정은 이래요. 국회 의원 100명 중 50명 이상이 탄핵 소추를 해야 한다고 주장하고, 이 주장에 대해 국회 의원 100명 중 67명 이상이 동의를 해야 해요. 그 뒤에는 헌법 재판소가 최종 결정을 해요. 탄핵 외에도 국민이 직접 법안을 제안할 수 있는 '국민 발의'라는 제도도 있지요.

이런 제도들은 간접 민주주의가 가지는 맹점, 즉 선거로 뽑힌 대표들이 국민의 뜻과 다른 행동을 할 때를 대비해 만들어진 것이에요.

민주주의는 어디까지나 국민이 주인이며, 국민의 뜻이 가장 중요한 정치 체제이니까요.

그런데 이런 제도도 중요하지만 국민의 뜻이 잘 반영되기 위해 중요한 국민들의 권리도 있어요. 바로 언론·집회·결사·표현의 자유라는 거예요. 민주주의 국가에서 이런 자유를 매우 소중하게 여기는 것도 이런 제도가 간접 민주주의가 자칫 위험에 빠지는 일을 줄여 준다고 보기 때문이에요.

언론이란 무엇일까요? 어떤 사실을 밝혀 알리거나 어떤 문제에 대하여 여론을 형성하는 활동을 말해요. 그런데 언론을 담당하는 기관, 그러니까 신문사, 방송국 등에서 국민들이 꼭 알아야 할 사실들을 숨기고 말하지 않거나, 또는 왜곡해서 보도를 하기 시작하면 민

언론의 자유

집회와 결사의 자유

주주의는 제대로 작동하기 어려워요. 괜히 언론이 바로 서야 한다고 강조하는 게 아니에요.

집회는 사람들이 모이는 걸 말해요. 사람들이 모여서 자기들의 의견을 드러낼 자유가 없다면 또 국민의 뜻은 잘 드러나지 않을 거예요. 좀 어려워 보이는 말이긴 하지만 결사도 그 뜻은 단순합니다. 국민들이 스스로 자신의 뜻을 대신할 수 있는 조직을 만드는 것을 가리켜요. 국민은 정당이나 노동 단체, 이익 단체를 자유롭게 만들 권리가 있어요.

표현의 자유는 따로 설명하지 않아도 쉽게 다가올 거예요. 자신의 마음속에 있는 생각을 말할 자유, 또는 자신의 뜻대로 자신의 의견을 말하지 않을 자유를 가리켜요.

이런 언론·집회·결사·표현의 자유는 모두 국민의 뜻이 잘 드러나도

표현의 자유

록 도움을 주기 위한 거예요. 민주주의 국가에선 이런 자유를 국민의 '기본권'이라고 불러요. 누구나 태어나면서부터 가지는 권리, 무조건적인 권리라는 뜻이지요. 제아무리 민주주의 국가라고 떠들더라도 이런 기본권이 충실하게 보장되지 않는 나라라면 민주 국가라고 말하기 어려워요.

왕이 통치하는 나라가 아니더라도, 대통령이나 국회 의원을 공정한 선거로 뽑는다고 하더라도, 국민의 뜻이 충분히 반영되지 않거나 국민의 기본권을 제약하는 나라는 '무늬만 민주 국가'라는 거죠. 그래서 오늘날 간접 민주주의 국가에선 선거만큼이나 국민의 기본권 보장이 중요한 가치를 지닌답니다.

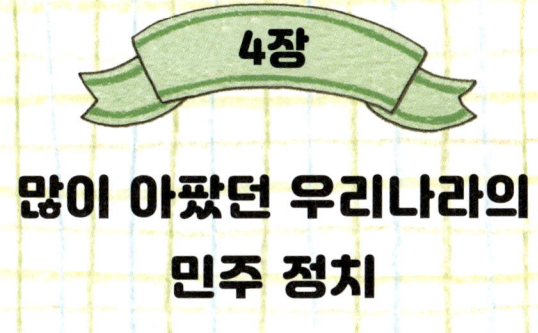

4장

많이 아팠던 우리나라의 민주 정치

대한민국은 민주주의 공화국이다!

4·19 혁명

혹시 '4·19 혁명', 들어 봤나요?

1960년에 있었던 일이에요. 여러분보다 채 열 살도 많지 않은 고등학생 김주열 군이 한 집회에 참가한 뒤 실종됐다가…

며칠 뒤 마산의 한 부두에 시신으로 떠오른 사건이 발생했어요.

이를 계기로 서울의 주요 대학 학생들이 반정부 시위를 일으켰죠.

부모 형제들에게 총부리를 대지 말라!

김 군의 시신은 말할 수 없이 참혹했다고 해요. 민주 국가에서 보장되어야 할 기본권 중 하나인 집회의 자유를 누렸다고 죽음을 당하다니요.

김주열 군이 죽기 전인 3월 15일, 우리나라에서 대통령과 부통령을 뽑는 선거가 부정하게 진행됐어요.

이에 대한 시민들의 항의가 확산되고 있었고요.

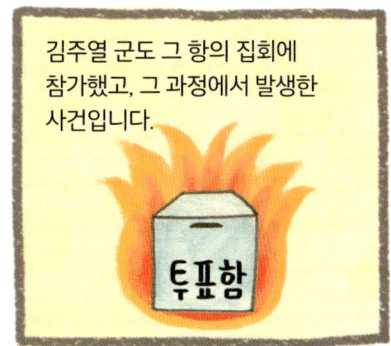

김주열 군도 그 항의 집회에 참가했고, 그 과정에서 발생한 사건입니다.

민주주의의 정당성을 확보하는 가장 중요한 절차인 '선거'가 정부의 조작으로 얼룩졌던 것이지요.

민주주의 국가에선 일어날 수 없는 일이 그때는 아무렇지 않게 벌어졌다고 할 수 있어요.

민주주의, 이상과 현실은 달랐어!

한 나라의 성격을 한눈에 파악할 수 있는 방법은 없을까요? 있습니다. 법의 우두머리, '헌법'을 읽어 보면 돼요. 어떤 성격의 나라인지를 가장 빨리 파악하는 방법은 그 나라의 헌법을 읽어 보는 거예요. '법'이라고 하니 괜히 어려울 것 같지요? 그렇지 않아요. 차근히 읽다 보면 '법도 이렇게 쉽게 쓸 수 있구나!' 할 거예요. 여러분의 독서 실력이면 헌법을 읽는 데 문제 될 게 없어요. 헌법 읽기는 관심의 문제랍니다. 우리나라 헌법에서는 우리나라의 성격을 어떻게 정하고 있는지 살펴보아요.

맨 앞부분부터 살펴봅시다. 1장 1조 1항은 뭐라고 쓰여 있나요? 쓰인 그대로 옮겨 볼게요. "대한민국은 민주 공화국이다." 헉, 매우 짧죠? 1조 1항은 이렇게 매우 간단한 한 문장으로 돼 있어요. 2항도 간단해요. "대한민국의 주권은 국민에게 있고, 모든 권력은 국민으로부터 나온다."

그래요. 대한민국 헌법은 우리나라가 민주주의 국가라는 점을 천명하는 것으로 시작해요. 앞 장에서 민주주의 국가를 뭐라고 설명했나요? 그렇죠. '국민이 주인인 국가'이며, '국민의, 국민에 의한, 국민을 위한 정치를 하는 국가'라고 했어요. 바로 그 내용이 헌법 1조에 담겨 있는 거예요.

1장 뒤를 잇는 2장(국민의 권리와 의무)을 비롯해 3장(국회)과 4장(정부) 등 헌법의 뒷부분도 모두 우리나라가 민주 국가라는 점을 온전히 드러내고 있어요. 2장을 요약하면 "인간은 존엄하며 행복을 추구할 권리를 갖고 있으며, 국가는 인간의 기본적 인권을 보장할 의무를 갖고 있다."라는 내용이 담겨 있어요. 기본적 인권(기본권)에는 언론·출판·집회·결사의 자유, 양심의 자유, 거주·이전의 자유 등이 모두 포함돼 있어요. 기본권 종류를 두루뭉술하게 쓰고 있는 게 아니라 하나하나 힘주어 이야기하고 있어요.

이쯤 되면 우리나라는 민주 국가라고 믿어 의심치 않아도 되겠지요? 하지만 이제부터 소개할 내용은 헌법에 담긴 내용과는 좀 다른 현실에 관한 것입니다. 현실과 이상은 이렇게나 차이가 커요.

갑자기 민주주의가 시작되다

간단한 질문 하나. 우리나라는 언제부터 민주 국가였을까요? 그 역사는 매우 짧아요. 물론 여러분이 태어날 때는 민주 국가였지만요. 학교에서 배웠을 거예요. 우리나라는 1910년에 일본의 지배 아래 들어가기 전까지는 왕이 통치하는 왕정 국가였어요. '조선 왕조'였죠. 민주 국가라고 천명한 헌법이 처음 만들어진 것은 불과 70여 년 전인 1948년이에요. 일본이 이 땅에서 물러가고 3년이 지나서였지요.

민주 국가의 역사가 짧다는 것 외에도 매우 남다른 특징이 우리나라에 있어요. '별안간' 민주 국가가 됐다는 점이에요. 미국이나 영국, 프랑스 등 대부분 민주 국가들은 왕정에서 민주정으로 넘어오는 데 매우 오랜 시간이 걸렸어요. 그 시간 동안 수많은 사람의 투쟁이 있었고, 저항도 만만치 않았죠.

프랑스만 봐도 그래요. 오늘날 민주주의 가치를 실현하기 위한 혁명이 일어난 것은 1789년이에요. '프랑스 혁명'이라고 부르는 사건이죠. 흥미로운 사실은 이 혁명 하나로 프랑스가 바로 민주 국가가 된 건 아니라는 거죠. 민주정이 됐다가 다시 과거와 같은 왕정으로 돌아갔다가 다시 민주정이 되는 복잡한 과정을 거쳤어요. 이 과정에서 얼마나 많은 사람들의 희생이 있었는지 짐작이 안 갈 거예요.

프랑스에서만 있었던 특이한 일도 아니죠. 영국을 비롯해 수많은 유럽 민주 국가들에서 공통적으로 발견되는 현상이에요.

반면 우리나라는 민주 국가가 정말 말 그대로 갑자기 이뤄졌어요. 1948년에 처음 만들어진 헌법도 다른 나라의 헌법을 많이 참고해 쓰인 것이었죠. 조금 거칠게 말하면 우리나라가 민주 국가가 된 것은 우리 스스로의 힘보다는 외국의 힘에 빚진 것이라고 할 수 있어요. 이런 점을 주목해, 우리나라의 민주주의를 '이식 민주주의'라고도 해요. 마치 꽃이나 나무를 이 화분에서 다른 화분에 옮겨 심듯이 민주주의도 다른 나라에 있던 걸 그냥 한반도(실은 그중의 절반인 남한)에 옮겨 왔다는 뜻이죠.

이렇게 된 데는 몇 가지 이유가 있어요. 알다시피 우리나라는 1900년대 초에 35년간 일본의 지배를 받았잖아요. 다른 나라들처럼 민주주의를 위해 싸울 기회가 적었던 셈이에요. 독립에 더 많은 힘을 쓸 수밖에 없었죠. 물론 일본 지배 아래에서도 민주주의 또는 공산주의와 같은 다양한 정치 체제에 대한 토론과 이를 둘러싼 대립도 있었으나, 어디까지나 독립이 가장 중요한 과제였어요. 실제로 일본이 물러간 다음 우리나라의 정치 체제를 어떻게 가져갈 것인지에 대해 충분히 준비가 안 돼 있던 게 당시 우리나라의 현실이었죠.

우리의 준비가 부족했을 뿐만 아니라 일본의 패망이 온전한 우리의 힘만으로 이뤄진 게 아니라는 점도 민주주의가 이식될 수밖에 없

종전 후 토막 난 한반도

는 주요 원인이었어요. 일본이 이 땅에서 물러난 것은 제2차 세계 대전에서 미국·영국·소련(지금의 러시아) 연합국에 졌기 때문이었어요. 여러분도 들어 봤을 거예요. 원자 폭탄이요. 히로시마와 나가사키 두 지역에 미군이 차례로 원자 폭탄을 떨어뜨린 게 일본이 항복 선언을 하게 된 결정적 계기가 됐어요. 그렇다고 한국의 독립운동이 갖는 무게를 가벼이 봐서는 안 되지만요.

그런데 하필 왜 민주주의였냐고요? 이것도 일본의 패망과 그 뒤의 사정을 살펴봐야 알 수 있어요. 앞서 말했듯이 일본의 패망에는 외세의 힘이 크게 작용했어요. 문제는 그 외세, 즉 제2차 세계 대전의 승리국 간의 분열에 있었어요. 공산주의를 정치 체제로 삼고 있던 소련과 민주주의를 핵심 가치로 따르고 있던 미국과의 갈등이죠. 나중에 역사가들은 이를 가리켜 '동서 냉전의 시작'이라고 불렀죠.

미국과 소련은 일본 패망으로 독립한 옛 일본 식민지 국가를 어찌해야 할까를 놓고 신경전을 벌였어요. 그 결과가 북한은 소련이, 남한은 미국이 맡기로 한 거였어요. 독립의 기쁨도 잠시, 한반도가 토막 나 버린 거죠. 남한에 민주주의가 '이식'된 내막입니다.

무늬만 민주주의 아니에요?

이식된 민주주의는 우리나라가 온전한 민주주의 국가가 되는 데 넘어서야 할 장애물이 매우 많았다는 이야기이기도 해요. 국민이 주인

1950년 6월 25일, 한국 전쟁 발발

인 국가가 민주주의 국가인데, 정작 국민들은 영문도 모르는 채 별안간 민주 국가와 마주해야 했으니까요. 1948년 헌법이 제정되고 정부가 만들어졌으나, 대다수 국민들은 민주주의의 뜻을 제대로 이해하지 못했어요.

실제로 민주 국가로 선포된 뒤에도 한참 동안 나라 방방곡곡에는 왕정 시대나 일제 강점기의 잔재들이 매우 많았어요. "모든 인간은 존엄한 가치를 지니고 있으며, 기본적 인권은 국가가 보장해야" 하나 왕정 시대에나 존재하는 신분제가 엄연하게 살아 있었고, 기본권을 보장하기

에는 국가가 너무 허약했지요. 게다가 1950년에는 한국 전쟁까지 일어났지 뭐예요. 한국 전쟁은 우리나라의 민주주의가 발전하는 데 큰 걸림돌이 됐어요. 민주주의를 알아 가기도 전에 국민들은 '전쟁'의 잔혹함을 경험해야 했으니까요.

대한민국 헌법이 우리나라를 민주 공화정으로 규정했으나, 이것은 어디까지나 서류상 규정에 불과했다고 할 수 있어요. '서류상 민주 국가'라는 거지요. 이런 서류상 민주 국가가 내실을 메워 가기까지는 어이없는 일들이 계속 일어났어요.

앞서 살펴본 4·19 혁명 외에도 어처구니없는 일들이 많이 벌어졌어요. 기본권을 보장하는 데 앞장서야 할 군인들이 정치에 참여한 역사도 있어요. '5·16 군사 쿠데타' 또는 '5·16 군사 정변'이라고 불리는 사건이죠. 쿠데타가 일어난 1961년부터 문민 정부가 들어선 1993년까지 무려 30여 년간 군인들이 정권을 휘둘

렀어요. 헌법마저 고쳐 대통령 선거 제도를 바꿔 버리기까지 했죠. 국민이 직접 뽑는 국민 투표에서 대의원을 뽑아 그들이 투표를 하는 간접 선거로 말이에요. 물론 당시에 뽑힌 대의원들 역시 국민의 뜻이 아닌 정권의 뜻에 따라 움직일 사람으로만 구성되었죠. 선거마저 이렇게 치러진 것을 생각해 보면 민주 국가가 마땅히 보장해야 할, 그리고 헌법에도 정해져 있는 국가가 마땅히 지켜야 할 국민의 기본권이 무시된 것은 두말할 것도 없지요.

　이런 아픈 역사를 되짚어 보면, 어떤 나라가 민주 국가인지 판단하기 위해선 단지 헌법만 봐서는 안 되겠다는 생각이 들 거예요. 얼마든지 서류상 민주 국가, 무늬만 민주 국가가 존재할 수 있으니까요.

5장

견제와 균형이 필요해

완벽한 인간은 없어요

약 400년 전에 살았던
프랑스의 황제 루이 14세가 한 말이에요.
자신의 힘이 프랑스 전역에 고루 영향을 끼친다는
사실을 전 지구를 비추는 태양에 빗댄 거죠.

자신이 모든 걸 다 알고
결정할 수 있다는 자신감이
잔뜩 묻어 있어요.

이렇게 왕정이라고는 하지만 그 권한이
강할 때도 있고 적을 때도 있어요.

하지만 왕정의 공통 특징은 왕의 혈통을
타고난 인간은 완벽하다는 믿음을
갖는다는 점이지요.

"어명이오!"로 시작하는 사극의 한 장면을 떠올려 봐요. 어명의 옳고 그름은 묻지도 않죠. 오직 사약을 들고 온 전령이 "어명이오!"라고 외치는 순간 무릎을 꿇고 죽음을 받아들여요.

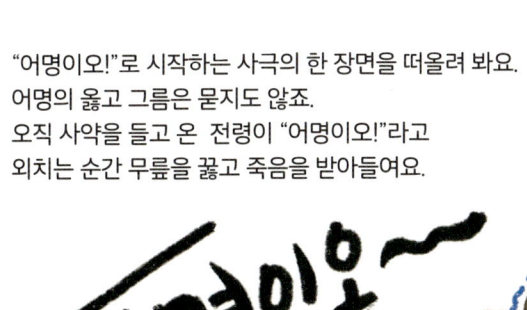

왕명은 묻지도 따지지도 못하는 절대적 명령인 셈이지요.

민주 정치는 '완벽한 인간은 없다'라는 전제 위에 서 있는 정치 체제랍니다.

왕정과는 많이 다르죠? 민주 정치는 '혼자' 하는 게 아닙니다. 혼자 할 수도 없죠.

모든 권력은 여러 개로 나뉘어 있어요. 민주 정치에선 특정 기관이 권력을 독점하는 걸 제도적으로 막고 있어요.

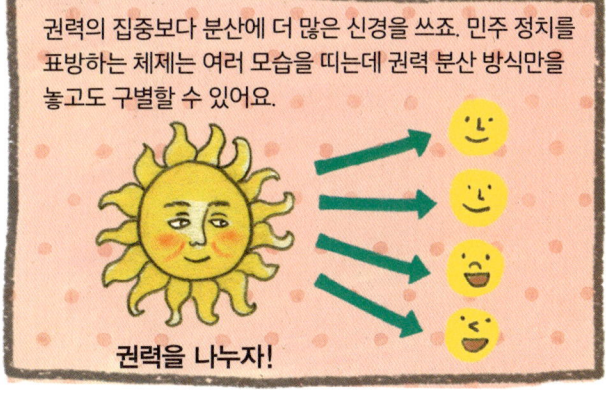

권력의 집중보다 분산에 더 많은 신경을 쓰죠. 민주 정치를 표방하는 체제는 여러 모습을 띠는데 권력 분산 방식만을 놓고도 구별할 수 있어요.

삼권을 분립하라!

권력 분산을 이야기하려면 일단 어떤 종류의 권력이 있는지부터 살펴봐야 해요. 먼저 권력의 범위와 특징을 알아야죠. 가장 손쉬운 잣대는 바로 '법'이에요. 민주 정치에선 '말'만큼이나 '법'에서 힘이 나오니까요. 말도 '법'을 통하지 않고서는 그 힘을 제대로 발휘하기 어려워요.

법은 누가 만들까요? 맞아요. 국회가 만들어요. 법을 만드는 권력, 법을 고치는 권력은 국회에 있어요. 국회는 국민들이 투표로 뽑은 국회 의원들로 구성이 되죠. 국회 의원은 국민의 뜻을 '대표'해 법을 만들고 고칩니다. 이런 이유로 국회를 다른 말로 '입법부'라고 부르기도 해요.

각각의 국회 의원들은 저마다 국민의 뜻을 들어 법률안을 국회에 제출해요. 각 국회 의원들이 제안한 법률안이 국민의 뜻을 담았는지, 아니면 자신의 욕심을 담았는지 구분하기 어렵기도 해요. 그래서 법률안을 제안했다고 바로 법이 되지는 않죠. 반드시 투표라는 절차를 거칩니다. 법률안마다 다르긴 하지만 국회 의원으로 등록된 사람의 절반이 참석한 회의에서 그 참석한 사람의 절반 이상이 찬성해야 법이 되어요. 투표를 통해 다수의 지지를 받아야 하는 거죠.

국회가 만든 법은 누가 집행할까요? 정부가 합니다. 국회는 법을 만드는 일까지만 하고 만들어진 법은 정부가 집행하죠. 정부는 '행정부'의 준말이에요. 법을 '행'하는 '부'라는 뜻이죠. 여기서 권력이 딱 나뉘는 거예요. 예를 들어 국회가 "쓰레기를 버리지 말자."라는 법을 만들면 어떤 쓰레기를 버리지 말아야 하는지, 어디에 버리지 말아야 하는지, 버렸다면 어떤 처벌을 해야 하는지 등을 정부가 정해요. 법률이라는 큰 테두리는 국회가 정하지만, 세부적인 시행 사항 등은 정부가 정하고 이를 집행하는 구실을 맡아요. 아무리 좋은 법을 국회가 만들었다고 하더라도 정부가 이를 제대로 집행하지 못하면 아무 짝에도 쓸모가 없는 법이 될 수도 있어요.

법을 만드는 국회가 국민이 투표를 통해 선출한 국회 의원으로 구성되듯이, 정부도 마찬가지예요. 투표로 대통령을 뽑잖아요. 투표를 통해 확인한 국민의 뜻을 받은 사람이 대통령이 되고, 대통령은 그 뜻에 따라 법을 집행하는 거예요.

대통령은 그가 임명한 장관 등 공무원과 함께 일을 해요. 공무원은 흔히 '공복'이라고도 해요. '국민의 심부름꾼'이라는 뜻이죠. 국민의 뜻에 따라 법을 집행해야 한다는 정신이 담겨 있는 말이에요. 입법부와 마찬가지로 행정부도 모두 '국민'이 준 권력 위에 서 있어요.

끝으로, 법을 어긴 사람이나 기관을 누군가가 심판해야 해요. 바로 법원이 그 일을 하는 곳이에요. 국회가 법을 만들고, 집행은 정부가, 심판은 법원이 하는 셈이죠.

법원의 구성원들은 모두 공무원이에요. 대법관 같은 고위직 판사는 대통령과 국회가 나눠서 임명을 하고요. 판사는 투표로 선출되지는 않지만, 투표로 선출된 권력(대통령)이 임명하는 구조라고 이해할 수 있어요.

이렇듯 민주 정치에선 권력이 세 가지 형태로 나뉘어 있어요. 국회-정부-법원이 각자 고유한 영역을 나눠 맡고 있으며, 동시에 그들이 권한을 행사하는 기본 전제는 국민의 뜻이라는 공통점이 있지요.

이런 구조는 '견제와 균형의 원리'에 바탕을 두고 있어요. 권한을 한곳에 몰아주는 것이 아니라 여러 곳으로 분산해 놓고, 각자가 서로 견제하고 그 과정에서 균형을 맞춘다는 거죠. 견제와 균형은 민주 정치의 핵심 원리예요.

의원 내각제와 대통령제에 대해 살펴보자

이렇듯 민주 정치는 입법부-행정부-사법부라는 세 개의 커다란 축으로 이뤄져 있어요. 어느 한쪽도 권한을 독점할 수 없고, 어느 한쪽이 다른 한쪽을 침범해서도 안 돼요. 역할 분담이 돼 있는 거죠. 견제와 균형의 원리는 삼권 분립을 통해 실현되어요. 민주 국가 중에 삼권 분립이 안 돼 있는 나라는 없어요.

그러나 삼권 분립의 구체적 모습은 나라마다 조금씩 차이가 있어요. 그 차이에 따라 '대통령제'와 '의원 내각제'로 구분해요. 대통령제가 좀 더 엄격하게 삼권 분립을 하는 체제라면, 의원 내각제는 좀 느슨하게 하는 체제라고 할 수 있어요.

의원 내각제에선 입법부, 즉 국회의 힘이 좀 센 편이에요. 국회가 정부를 구성해요. 국회 의원이 장관이 될 수도 있어요. 입법부에 조금 더 권한을 주고 있는 건 국회 의원은 국민이 직접 뽑은 사람들이라는 점에 주목해서죠. 영국이나 일본, 독일이 의원 내각제를 채택한 대표적 나라들이에요. 그렇다고 해서 의원 내각제, 또는 대통령제가 더 나은 체제라는 이야기는 아니죠. 각자의 특징이 있고 장단점이 있어요.

　의원 내각제는 의회의 힘이 상대적으로 강하기 때문에 정부와 의회 간 협력이 비교적 잘되는 장점이 있어요. 의회에서 의석수를 가장 많이 갖고 있는 정당이 정부를 만들기 때문이죠. 정부와 의회가 뜻이 달라서 싸울 일이 상대적으로 적어요. 하지만 의회 내 압도적인 다수당이 없으면 의사 결정이 갈피를 잡지 못하고 매우 더뎌지는 단점이 있죠.

　대통령제는 대통령을 중심으로 의사 결정이 빠르게 이뤄지는 장점이 있어요. 하지만 정부와 의회의 뜻이 서로 다를 때는 심각한 갈등이 빚어진다는 게 단점이라고 할 수 있죠. 입법부의 다수당이 정부와 뜻을 달리하는 야당이라면 이런 갈등은 종종 생겨나게 되어요. 견제가 지나치면 싸움이 벌어지는 법이죠. 거꾸로 입법부의 다수당이 정부와 뜻을 함께하는 여당이라면 자칫 대통령에게 힘이 너무 쏠리게 돼 힘의 균형추가 무너질 수도 있어요.

우리나라는 기본적으로 대통령제이지만, 의원 내각제의 성격도 갖고 있어요. 한 예로 국회 의원도 장관직을 겸임할 수 있어요. 본래 대통령제에선 이런 겸임이 불가능하거든요. 장관이 되려면 국회 의원직을 버려야 해요. 또 우리나라에선 정부도 법률을 만들 권한이 있어요. 정확히 말하면 법률을 고치거나 새로 만들자고 제안을 할 권한이 정부에도 있다는 거죠. 물론 국회가 정부의 제안을 받아 법률로 최종 확정하는 권한을 갖고 있지만요.

6장

거리에서도 광장에서도 정치를 해

민주 정치 체제 내에서의 불만 해결법

정치 이슈를 주제로 삼은 텔레비전 토론이나 신문에 실린 정치 칼럼에서 이따금 '정치는 생물'이라는 말이나 표현을 볼 수 있어요.
정치란 게 가만히 있는 게 아니라 상황에 따라 시시때때로 변화한다는 거죠.

수시로 말과 태도를 바꾸는 얼치기 정치인들도 자기 합리화를 할 때 이런 표현을 쓰기도 해요.

현재 우리 상황에 꼭 들어맞는 정치 체제인 것 같으면서도 어딘가 모르게 부족하고,

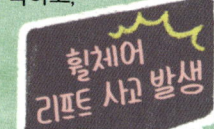

장애인은 돌아다닐 권리도 없단 말이야?

여기에서 비롯된 불만이 어느 수준을 넘어서면 다른 정치 체제를 바라는 '세력'이 꼭 등장하더라고요.

우리도 같은 생각. 우리랑 함께할래?

이런 불만을 받아들이거나 거부하면서 정치 체제도 '생물'처럼 발전해 가요.

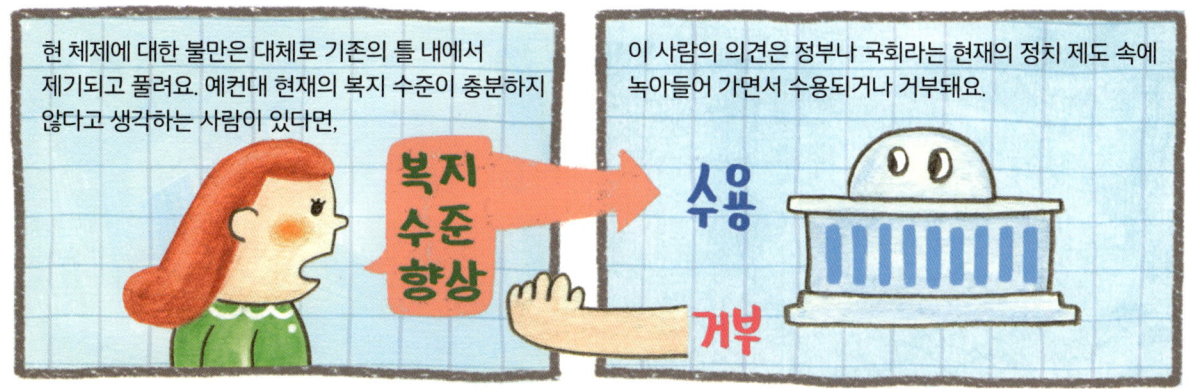

현 체제에 대한 불만은 대체로 기존의 틀 내에서 제기되고 풀려요. 예컨대 현재의 복지 수준이 충분하지 않다고 생각하는 사람이 있다면,

이 사람의 의견은 정부나 국회라는 현재의 정치 제도 속에 녹아들어 가면서 수용되거나 거부돼요.

현 체제 내에서 수용이 안 되면, '선거'라는 과정을 거치면서 다시 한번 받아들일지 여부가 시험대에 오르게 되죠.

그런데 말예요. 현재의 정치 체제가 다양한 불만을 수용하지 못한다면, 그 불만이 현재의 정치 체제가 도저히 받아들일 수 없을 정도로 커진다면 어떻게 될까요?

그래요. 사람들은 정부나 국회 의원을 찾기보다는 거리로, 광장으로 몰려가요.

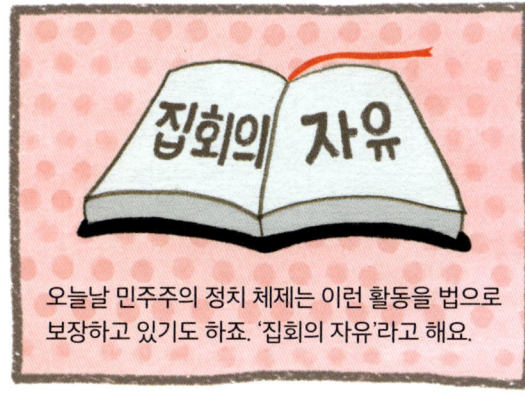

오늘날 민주주의 정치 체제는 이런 활동을 법으로 보장하고 있기도 하죠. '집회의 자유'라고 해요.

그런 의미에서 볼 때 거리로 나가 불만을 표출하는 행위도 현 체제 내에서 벌어지는 것이라고 할 수 있어요.

다양한 불만은 어떻게 수용될까?

우리 사회는 매우 다양한 생각과 이해관계를 가진 사람들로 구성돼 있어요. 생각이 다를 뿐만 아니라 행동도 달라요. 학교에서도 친구들마다 의견이 엇갈리는 모습, 많이 보죠? 서로 다른 생각과 행동은 조화를 이루기도 하고 갈등을 가져오기도 해요. 서로 다른 생각과 행동을 조율하고 갈등을 줄이는 게 정치의 핵심 기능이죠. 정치 체제의 발전은 이런 의미에서 여러 생각들을 좀 더 잘 수용하는 쪽으로 발전해 왔다고 할 수 있어요. 실제로 오늘날 정치는 다양한 생각들을 수용할 수 있는 여러 장치들을 두고 있어요. 오늘날 민주주의 체제가 만들어 놓은 아주 뛰어난 장치란 대체로 이런 것들이에요.

먼저 '정당'이 있어요. 정당은 권력을 쥐는 것을 목적으로 한 특정 생각들을 공유하고 있는 사람들의 집합이라고 할 수 있어요. 이를테면 통일이 꼭 필요하다고 생각하는 사람들은 통일을 목적으로 내건 정당을 만들어요. 미국과의 긴밀한 협력이 가장 중요하다고 생각하는 사람들은 그런 가치를 내건 정당을 만들죠. 또 현재 활동하고 있는 정당 중에 자신의 생각을 수용할 만한 곳이 없다고 생각하는 사람들은 서로 뜻 맞는 사람들을 모아 새로운 정당을 만들기도 해요. 정당은 여러 생각들을 보듬는 용광로 같은 곳이죠.

거창한 이념이나 사상을 가지고 있지 않더라도 사람들은 불만을 가질 수 있어요. 예를 들어 최저 임금이 너무 낮다거나 기업을 운영하기엔 규제가 너무 많아서 제대로 일을 하기 어렵다는 식의 불만을 가질 수 있죠. 또 대학을 가기 위해서는 사교육을 받아야 하고, 교육비 때문에 부모는 허리가 휘고 학생은 제대로 공부하기 어렵다는 불만도 있을 수 있어요. 이런 불만들을 정부와 국회에 제기해 풀어 볼 수 있지요. 정부나 국회가 '민의를 수렴하는 기관'이라고 불리는 이유예요.

정부나 국회는 '직접' 사람들의 생각과 불만을 듣기도 하지만 언론을 통해 여러 생각들을 접해요. 언론도 민주주의 체제에서 불만을 전하는 중요한 장치인 거죠. 언론은 경쟁적으로 우리 세상에서 벌어지고 있는 일들을 전할 뿐만 아니라 다양한 생각들을 실어 세상에 알리는 구실도 하죠. 각자 추구하는 가치에 따라 '논조'란 게 만들어지기도 하고, 이런 논조에 따라 언론의 색깔이 달라지기도 해요. 훌륭한 언론이 많은 나라는 민주주의가 잘 작동한다고 해요. 시민 단체도 큰 틀에선 언론과 비슷한 구실을 해요.

'선거' 역시 민의를 수렴하는 중요한 장치예요. 평소에 민의와 동떨어진 정책을 펴 온 정부나 정치 세력은 선거를 통해 심판을 받아요. 권력을 쥐지 못했던 대안 세력이 순식간에 권력의 중심에 진입할 수 있는 길도 바로 선거에 있어요. 정부와 정당이 사람들의 이야기에 귀를 기울이는 것도 선거가 있기 때문이죠.

불만을 직접적으로 표현하는 방법

민주주의가 성숙된 국가라면 불만은 대체로 앞서 말한 장치를 거치며 소화가 돼요. 하지만 그렇지 않은 경우도 많죠. 정부와 국회는 사람들의 불만을 수용하고 갈등을 해소하기보다는 자신들의 이해관계에 따라서만 행동을 하기도 해요. 갈등을 부추기는 데 앞장서기도 하지요. 불만을 풀어 주겠노라며 표를 달라고 했던 정치 세력들이 권력을 쥔 뒤에는 모른 체하는 경우도 자주 있어요.

언론도 마찬가지예요. 사람들 의견에 귀를 기울이지 않은 채 자기들 주장을 시민들의 의견으로 포장해 기사를 내기도 해요. 심지어는 견제해야 할 정부나 정치권의 이야기만 일방적으로 전하거나 언론사를 소유하고 있는 개인의 주의 주장만 펴기도 하죠.

한마디로 불만을 수용하는 장치가 제구실을 못 하는 거예요. 이런 일이 잦거나 그 정도가 심하면 어떻게 할까요? 그래요. 사람들은 거리로 나갑니다. 광장에서 손 팻말을 들고 구호를 외쳐요. 기존의 장치들이 제구실, 즉 민의를 제대로 전달하거나 수용하지  않으니 시민들이 '직접' 자신들의 불만을 털어놓는 거예요. 이를 '거리의 정치', '광장의 정치'라고 불러요.

거리의 정치는 민주 국가에선 다 보장하고 있는 시민의 권리이기도 해요. 우리나라도 모일 수 있는 권리, 즉 '집회의 자유'를 보장하고 있죠. 또 어떤 주장이든 드러내거나 드러내지 않아도 된다는 '표현의 자유'도 보장하고 있어요. 사람들은 불만이 있을 때 정부나 국회를 찾기도 하지만 비슷한 의견을 가진 사람들끼리 거리에 모여서 자신들의 주장을 거리낌 없이 펼 수도 있죠.

때로는 이런 거리의 정치가 기존의 불만 해소 장치들을 자극하기도 해요. '오죽하면 사람들이 거리로 나올까?'라는 생각들을 하게 해 주는 거죠. 그래서 거리의 정치엔 정부나 국회 의원 같은 사람들도 종종 참여해요. 직접 참여하기도 하고 거리에 나온 사람들의 의견을 듣기 위해 여러 가지 방법을 쓰기도 하지요. 언론도 거리에 모인 사람들의 의견을 기사로 써서 세상에 알려요.

물론 거리의 정치는 흔히 볼 수 있는 일은 아니에요. 정부나 정당 등 기존의 틀이 충분히 불만을 해소해 주지 못하고 있다고 여길 때 사람들은 거리로 나서요. 다만 거리의 정치는 거리에 나타난 민심을 정치인이나 정부가 얼마나 귀담아듣느냐에 따라 그 모습이 달라져요. 어떤 정부는 거리의 목소리를 일부러 모른 척하거나 심지어 거리에 나오지 못하도록 힘을 쓰기도 해요. 듣기 싫은 쓴소리가 넘쳐 나면 자신들의 권력이 위태로워질 수 있다고 여기기 때문일 거예요.

거리의 목소리가 자연스럽게 정당이나 국회, 정부에 흘러 들어가 불만이 해소된다면 다행스러운 일이지요. 대부분의 경우는 이런 과정을 거치거나, 아니면 권력의 외면 속에 스스로 사그라들기도 해요. 민심이란 언제나 들끓는 게 아니라 외려 쉽게 타오르고 식기도 하니까요. 그래서 권력을 쥔 사람들은 종종 '시간이 흐르면 모든 게 사라질 것'이라며 거리의 목소리를 가볍게 여기기도 해요.

하지만 해소되지 않은 불만이 식기는커녕 점점 더 확산된다면 어떻게 될까요? 실제 이런 경우를 우리 역사에선 어렵지 않게 찾아 볼 수 있어요. 정부와 정치권이 거리의 목소리를 끝내 수용하지 않는 이런 단계에 이르면 결국에는 나라가 큰 변화 또는 위기를 맞이하게 되더라고요. 부정 선거 비판을 시작으로 불타오른 4·19 혁명을 통해 급기야 이승만 대통령은 하야해야 했고, 1987년의 6월 항쟁 역시 오래된 군사 독재를 끝장낸 결정적 사건이었죠. 2016~2017년에도 정부·정당 등 기존 장치들이 제구실을 못 한 탓에 수많은 사람들이 광장에서 촛불을 들고 시위를 벌였고, 대통령이 결국 자리에서 물러났죠.

정부나 정치권이 거리의 목소리를 바라보는 시선은 그 나라의 민주주의 수준을 가늠할 수 있는 잣대이기도 해요. 국민이 주인인 민주주의 정치 체제에서 그 주인이 거리에 나오는 것 자체가 기존의 장치들이 제구실을 못 하고 있다는 방증일뿐더러, 이런 목소리를 모르쇠 하는 데서 나아가 억압한다면 무늬만 민주주의인 정치 체제라고 봐도 무방할 거예요.

7장

지방 자치는 점점 중요해질 거야

마을 일은 마을 사람들이 결정해요

공항을 예로 들어 볼까요? 공항을 마을에 짓게 되면 마을 사람들은 이런저런 이득을 볼 가능성이 높아요.

공항을 이용하는 사람들이 드나들면서 물건도 더 많이 사게 될 테고,

밥도 많이 사 먹을 테니,

그 마을 음식점이나 상인들은 돈을 벌 기회가 많이 생겨요.

또 공항을 이용하려는 기업들이 공장이나 사무실 같은 여러 시설을 짓게 마련이고,

그러다 보면 일자리도 늘어나게 되겠죠.

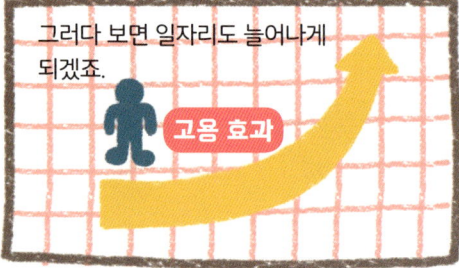

그런데 공항을 마을마다 지을 수는 없는 거 아닌가요?

서로 자기네 마을에 공항을 지어야 한다고 지방 정부끼리 싸움이 벌어지기 십상이죠.

그 반대의 경우도 있어요.

화장터나 쓰레기 매립장 같은 경우를 떠올려 봐요. 이런 시설들은 사람이 살아가는 데 반드시 필요해요.

하지만 마을 사람들은 이런 생각을 하죠.

화장터나 쓰레기 매립장이 마을에 들어서면 주변 환경이 나빠질 수 있고,

그러다 보면 집값도 떨어지게 되고, 교육 환경도 나빠질 수 있다고요.

이번엔 자기 마을에 지어선 안 된다며 지방 정부끼리 싸움이 일어나죠.

쓰레기 매립장

지방 자치란 뭘까?

마을을 가장 잘 아는 사람은 누구일까요? 아무래도 마을 사람들일 거예요. 마을은 마을마다 각각의 특색이 있기 때문이죠. 산이 많은 마을도 있고 강이나 바다를 품고 있는 곳도 있어요. 자연환경이 다를 뿐만 아니라 풍습이나 전통도 차이가 있을 테고, 마을 사람들이 돈을 버는 방식도 달라요.

아마도 마을 일은 마을 사람들이 결정하는 게 가장 바람직할 거예요. 아무리 똑똑하고 힘 있는 사람이라고 하더라도 마을마다 다른 '사정'을 제대로 알지 못한다면 마을 일을 제대로 하지 못할 테니까요. 마을 사람들이 환영하지도 않을 거예요. 이런 이유로 많은 나라에서 '지방 자치'란 걸 하고 있어요.

무슨 말이냐고요? '지방'은 중앙과 구별하기 위해 들어간 말이에요. 중앙은 앞서 살펴본 대통령이나 중앙 정부(행정부), 국회 같은 것을 가리키고요. 자치란 한자 말인데요, '스스로 결정한다' 정도로 풀어 볼 수 있어요.

이번 장에서는 지방 자치에 대해 알아보려 해요. 지방 자치는 정치의 중요한 한 영역이거든요. 하지만 딱 와닿지는 않을 거예요. 우리나라는 아직 지방 자치가 그다지 잘되고 있는 나라는 아니어서 그래요. 하지만 점점 지방 자치의 중요성이 커지고 있고 힘도 세지고 있어요. 여러분이 어른이 될 때쯤이면 대통령보다는 시장이나 도지사가, 국회보다는 시 의회나 도 의회가 여러분의 삶에 더 많은 영향을 줄 거예요.

지방 자치는 누가, 무엇을 결정하나?

먼저 지방 자치 단체에 대해 알아보아요. 지방 자치를 구체적으로 실천하는 곳이죠. 지방 자치 단체의 구성도 중앙 정치와 크게 다르지 않아요.

일단 지방 의회가 있어요. 마을 사람들이 지켜야 할 법을 만드는 곳이죠. 법은 국회가 만드는 거 아니냐고요? 맞아요. 하지만 지방 의회도 법을 만들어요. 다만 국회가 만드는 법의 틀 안에서 법을 만들죠. 법도 종류가 다양해요.

한 나라의 가장 큰 규범을 정한 법은 앞에서 살펴본 '헌법'이에요. 헌법은 법 중의 법이죠.

국회는 이 헌법을 바탕으로 '법률'을 만들고, 지방 의회는 이 '법률'을 벗어나지 않는 범위에서 '조례'라는 것을 만들어요. 법률을 어기는 조례는 만들 수가 없죠. 따라서 조례는 국회가 만들어 놓은 큰 틀 안에서 지방 의회가 만든 좀 더 세부적인 법이라고 생각하면 돼요. 헌법, 법률, 조례 등을 모두 합해 우린 '법'이라고 불러요.

중앙 정부에 국회가 있고 정부가 있듯이 지방 자치에서도 지방 의회가 있고 지방 정부가 있어요. 지방 의회가 만든 조례를 집행하는 곳이 바로 지방 정부죠. 지방 정부라고 하니 조금은 생소하게 들릴 수도 있어요. 여러분이 종종 듣는 시장이나 도지사, 군수 등이 모두 지방 정부를 이끄는 리더들이에요. 국회와 정부가 갈등하고 협력하듯이 지방 자치에서도 지방 의회와 지방 정부가 서로 갈등하고 협력하면서 마을을 이끌어 가요.

지방 정부는 법을 집행하기도 하지만 동시에 마을 살림살이를 챙기는 주체이기도 해요. 예컨대 마을에 놀이터나 공원을 만드는 곳이 지방 정부예요. 다리를 놓거나 마을 회관을 짓는 일도 지방 정부가 하는 일이고요. 횡단보도 하나를 만드는 일도 지방 정부 몫이죠.

모든 지방 정부가 마을 주민을 위해 일을 하다 보면 종종 다른 지방 정부와 갈등을 빚기도 해요. 각 지방 정부가 서로 좋은 것만 하려고 하고 주민들이 싫어하는 일은 미루다 보면 싸움이 벌어지기도 해요. 서로 마음에 들지 않는 시설을 내 마을에 짓는 걸 거부하는 현상을 가리켜 '님비 현상'이라고도 해요. 이건 영어로 만들어진 말인데요, '내 앞마당에는 안 돼'라는 뜻을 담고 있어요. 거꾸로 마을에 큰 도움이 될 것 같은 시설은 무조건 내 마을에 짓자고 하는 현상은 '핌비 현상'이라고 해요. 그건 '반드시 내 앞마당에' 정도로 뜻을 풀어 볼 수 있어요.

지방 정치에도 돈이 필요해

지방 정치를 이끄는 지방 정부 단체장과 지방 의회 의원은 어떻게 뽑을까요? 선거를 해요. 임기가 4년이기 때문에 지방 선거도 4년마다 한 번씩 해요. 선거 방식은 대통령이나 국회 의원을 뽑는 방식과 매우 비슷하게 진행이 돼요. 임기 만료일 전 30일부터 첫 번째로 돌아오는 수요일에 선거를 시행해요. 최근 지방 선거는 2018년 6월 13일에 있었어요. 총 4016명의 사람들이 선출됐지요. 19살이 넘으면 누구나 투표에 참여할 수 있고요, 25살이 넘으면 후보로 나설 수도 있어요. 다만 재밌는 건 투표를 했는데 표를 가장 많이 얻은 사람이 2명일 경우엔 나이가 많은 사람이 당선된다고 해요. 시장이나 군수, 도지사, 시 의원들은 모두 이런 식으로 뽑아요.

조례를 만들고 마을 살림살이를 하는 지방 정치인들도 돈이 있어야 합니다. 공원을 하나 만드는 데도 적지 않은 돈이 들고, 보도블록을 새로 까는 데도 돈이 들기 마련이지요. 이런 돈은 어디에서 나오는 걸까요? 그래요. 세금이죠. 중앙 정부가 일괄적으로 걷은 세금(국세) 중 일부를 지방 정부에 떼어 주는 것(지방 교부금)도 있고, 지방 정부가 자체적으로 걷는 세금(지방세)도 있어요. 대표적인 지방세로는 주민세나 지방 소득세, 자동차세, 담배 소비세 등을 꼽을 수 있어요.

'재정 자립도'라는 말이 있어요. 지방 정부가 스스로 걷은 세금을 한 해 동안 쓰는 돈(예산)으로 나눈 값이지요. 2015년 우리나라 지방 정부의 평균 재정 자립도는 54퍼센트 정도 돼요. 다시 말해 한 해 동안 지방 정부가 쓰는 돈의 절반 정도는 중앙 정부 등에서 지원을 받는다는 뜻이죠. 재정 자립도가 낮으면 지방 정부의 자율성도 낮아지게 됩니다. 마을 살림살이를 하는데 자기 스스로 마련한 돈이 적으면 그만큼 돈을 주는 쪽의 입김에 영향을 받기 마련 아니겠어요?

지방 정부마다 재정 자립도에 큰 차이가 있어요. 돈을 잘 버는 기업이나 사람들이 많은 지역과 그렇지 않은 지역이 있기 때문이지요. 전국에서 재정 자립도가 가장 높은 지방 정부는 어디일까요? 여러분 예상처럼 바로 서울시입니다. 무려 84퍼센트나 되죠. 전국 평균(54퍼센트)보다 월등히 높아요.

점점 발전하는 지방 자치를 기대해!

민주주의는 국민이 주인인 정치 체제를 뜻해요. 이 뜻을 잘 이해한다면 지방 자치의 중요성도 자연스레 알 수 있죠. 지방 자치란 지방이 스스로 통치를 한다는 것이니까요. 따라서 어떤 학자들은 지방 자치의 수준이 곧 그 나라의 민주주의 수준을 보여 주는 잣대라고도 해요. 지방 자치가 엉터리인 나라는 무늬만 민주 국가일 가능성이 높다는 거죠.

우리나라의 지방 자치는 민주주의와 함께 발전해 왔어요. 지방 자치는 1952년부터 1961년까지 불완전하게나마 실시가 되다가 1961년 군인들의 쿠데타 이후 30년이나 완전히 중단이 됐어요. 민주주의를 가볍게 여기던 군부 독재 정권이 지방 자치마저 없앤 건 자연스러

운 일이지요. 물론 그때도 군수나 시장, 도지사가 다 있었지만, 이들은 모두 중앙 정부가 임명한 사람들이었어요.

　이런 어두운 시절이 지나고 나서 1990년에 다시 지방 자치가 모습을 드러내기 시작했죠. 당시는 군부 정권을 몰아낸 1987년 6월 항쟁 이후였어요. 민주주의가 꽃을 피우기 시작하면서 지방 자치도 다시 생명을 얻게 된 거죠. 보다 본격화된 것은 1995년이에요. 그때 지방 정부의 리더를 뽑는 선거가 시작됐거든요. 지방 선거란 앞서도 말했듯이 마을 주민이 마을 대표를 뽑는 절차잖아요. 이런 점에서 지방 자치가 본격화된 시점을 1995년이라고 해요.

  하지만 여전히 갈 길은 멀어요. 일단 우리나라 지방 정부는 재정 자립도가 낮아서 중앙 정부의 눈치를 볼 수밖에 없어요. 마을 주민의 뜻대로 마을 살림살이를 꾸리기가 여간 어려운 일이 아니죠. 따라서 세금도 중앙 정부의 몫보다 지방 정부의 몫이 더 커져야 하고, 돈을 쓸 곳을 정하는 힘도 중앙 정부보다 지방 정부에 더 실려야 할 필요가 있어요. 이 밖에도 경찰과 같은 마을 치안을 위한 조직도 중앙 정부 밑에 두지 말고 지방 정부가 맡아야 하죠. 지방 자치가 많이 발달한 다른 나라에선 다들 이렇게 하고 있어요.

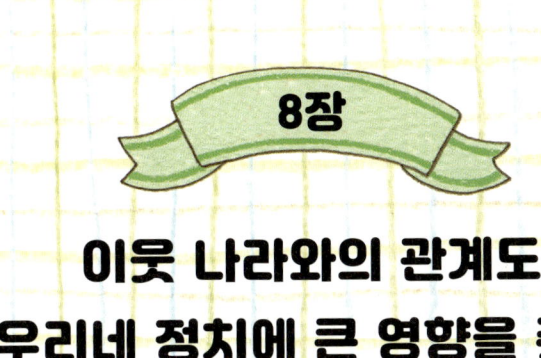

8장

이웃 나라와의 관계도
우리네 정치에 큰 영향을 줘요

남의 나라 이야기가 아니야

우리나라와 아무 상관이 없어 보이는 일 같지만 우리 삶에 영향을 주는 국제 정치 이슈는 많아요.

더불어 우리 삶도 한층 예측하기 어려워지고 있어요.

특히 미국과 중국의 관계가 예사롭지 않아요. 트럼프 대통령은 중국이 미국에 값싼 물건을 많이 팔아 미국 내 일자리를 줄이고 있다고 비난해요.

또 중국이 미국의 첨단 기술을 몰래 빼 가고 있다고 주장하죠.

중국에 시비를 걸고 나선 거죠. 중국과의 싸움이 우리나라와 무슨 상관이냐고요?

이게 국제 정치의 묘미랍니다.

국제 정치를 이해해야 하는 이유

지금까지 한 정치 이야기는 모두 하나의 '국가' 안에서 벌어지는 일만 다뤘어요. 정당, 선거, 지방 자치 제도 등은 '국내 정치'를 설명할 때 등장하는 핵심 낱말들이죠. 그렇지만 우리는 말하지 않아도 알아

요. 한 국가 안에서 벌어지는 정치는 사실 그 나라 국민들의 뜻(민주 국가의 경우)에 의해서만 이뤄지지 않는다는 것을요. 그 나라 국민들의 뜻보다는 이웃 나라들의 이해관계에 더 많은 영향을 받는 경우가 참 많아요. '국제 정치'에도 관심을 기울여야 하는 이유가 여기에 있지요. 우리네 삶에 큰 영향을 주는 '국제 정치'란 곳에 살짝 발을 내밀어 볼까요?

국제 정치의 참모습을 가장 손쉽게 느낄 수 있을 때가 있어요. 바로 '전쟁'이죠. 국제 정치의 흐름, 즉 다른 나라의 속내를 잘못 읽을 땐 언제나 '국가적 위기'를 맞게 되어요. 그 위기가 극단적으로 나타나는 모습이 전쟁이죠. 대한민국이 만들어지고 나서 얼마 지나지 않아 한국 전쟁(6·25 전쟁)을 겪어요. 일본으로부터 독립 후 5년 만이고, 정부 수립 후 3년 만이지요. 이 사건 하나만 봐도 국제 정치에 대한 이해가 얼마나 중요한지 잘 알 수 있어요.

당시 세계는 빠르게 두 쪽으로 쪼개지고 있었어요. 우리나라의 뜻과는 무관한 일이었죠. 소련(지금의 러시아)을 중심으로 하는 사회주의권과 미국과 영국을 중심으로 하는 자본주의권으로 세계는 나뉘었어요. 매우 순식간에 벌어진 일이죠. 불과 몇 해 전만 해도 한편(연합국)이 되어 독일, 이탈리아, 일본과 맞서 싸웠던(제2차 세계 대전) 이들 나라가 등을 서로 맞대는 관계가 된 거예요. 바로 이 틈바구니 속에서 한국 전쟁이 일어나게 되어요.

한국 전쟁은 소련 영향을 받는 북한과 미국 영향권 아래에 있는 남한 간의 전쟁이었죠. 이런 점에 주목한 어떤 이들은 한국 전쟁을 자본주의권과 사회주의권 간의 '대리 전쟁'이라고도 부르더라고요. 당시 이런 대리전이 일어나기 직전까지만 해도 한반도에선 국제 정치의 급변하는 흐름을 제대로 아는 사람은 드물었다고 해요. 그러니 속수무책으로 이 땅에서 전쟁이 일어나도 누구도 대응하지 못했던 거죠.

북한을 둘러싼 한·중·일 삼국지

여러분도 알겠지만, 우리나라는 미국의 영향권 아래에 놓여 있어요. 국제 정치 지도에서 한국의 위치라고 할 수 있어요. 종종 들어 봤을 거예요. '한미 동맹'이란 이야기요. 어떤 이들은 '피를 나눈 관계'란 뜻인 '한미 혈맹'이라고도 불러요. 우리나라는 북한과 아직 맞서고 있는 터라 언제든 한국 전쟁과 같은 비극이 다시 일어날 수 있어요. 사실 한국 전쟁은 끝난 게 아니라 잠시 쉬고 있는 '휴전' 상태이기도 해요. 이리하여 우리는 이런 전쟁이 다시 일어나지 않도록 하기 위한 하나의 방편으로 미국과 '동맹'을 맺고 있죠.

가끔 여러분은 텔레비전 뉴스에서 이런 주장들을 들어 봤을 거예요. "미국과의 관계가 나빠지게 되면 우리나라에 이로울 게 없다."라거나 거꾸로 "지나치게 미국에 의존적이어선 독립된 국가로서의 위상이 약화된다."라는 이야기들이요. 그만큼 미국과의 관계가 우리네 삶에 중요하다는 얘기겠지요. 같은 맥락에서 오늘날 국내 정치에서 가장 큰 대립점은 미국과의 관계와 관련된 이야기랍니다.

예를 들어 '군사 작전권'을 둘러싼 논란이 있어요. 한 나라의 주권에는 여러 구성 요소가 있는데 그중 핵심이 군사 작전권이죠. 유사시에 군대를 움직일 수 있는 권한이 누구에게 있는가는 그 나라의 독립 수준이 어느 정도인지 가늠하는 핵심 잣대죠. 그런데 말이죠. 전쟁이 일어나면 우리나라 군대를 지휘하는 건 한국군이 아니랍니다. 미국에 그 권한이 있어요. 놀랍죠?

평소에는 한국군의 지휘권이 한국에 있지만 전쟁이 일어날 땐 그 지휘권이 미국으로 넘어가게 돼 있어요. 수십 년 전에 미국과 그렇게

약속을 해 놨죠(1953년 10월 한미 상호 방위 조약 체결). 비교적 진보 성향인(여기서는 한국의 독립성이나 자주성을 강조하는) 사람들은 매번 이 전시 작전권을 한국이 되찾아 와야 한다고 이야기를 해요. 반면 보수 성향 사람들은 북한과의 휴전 상태라는 점을 고려해 미국에 한국의 군사 작전권을 계속 줘야 한다고 맞서고 있죠. 무엇이 정답인지, 좀 더 알맞은 주장인지 따져 보는 건 여기서는 말하지 않을 거예요. 그보다 이런 사안들이 국내 정치에 주요 이슈로 등장을 한다는 사실, 심지어 대통령 공약에까지 나온다는 점에 주목할 필요가 있어요. 독립된 국가에 전시 작전권이 없는 기이한 현실은 국제 정치란 틀 속에서 한국의 위치를 보여 주는 좋은 예라고 할 수 있어요. 국제 정치를 이해하지 못하면 군사 작전권이 없는 한국의 상황을 받

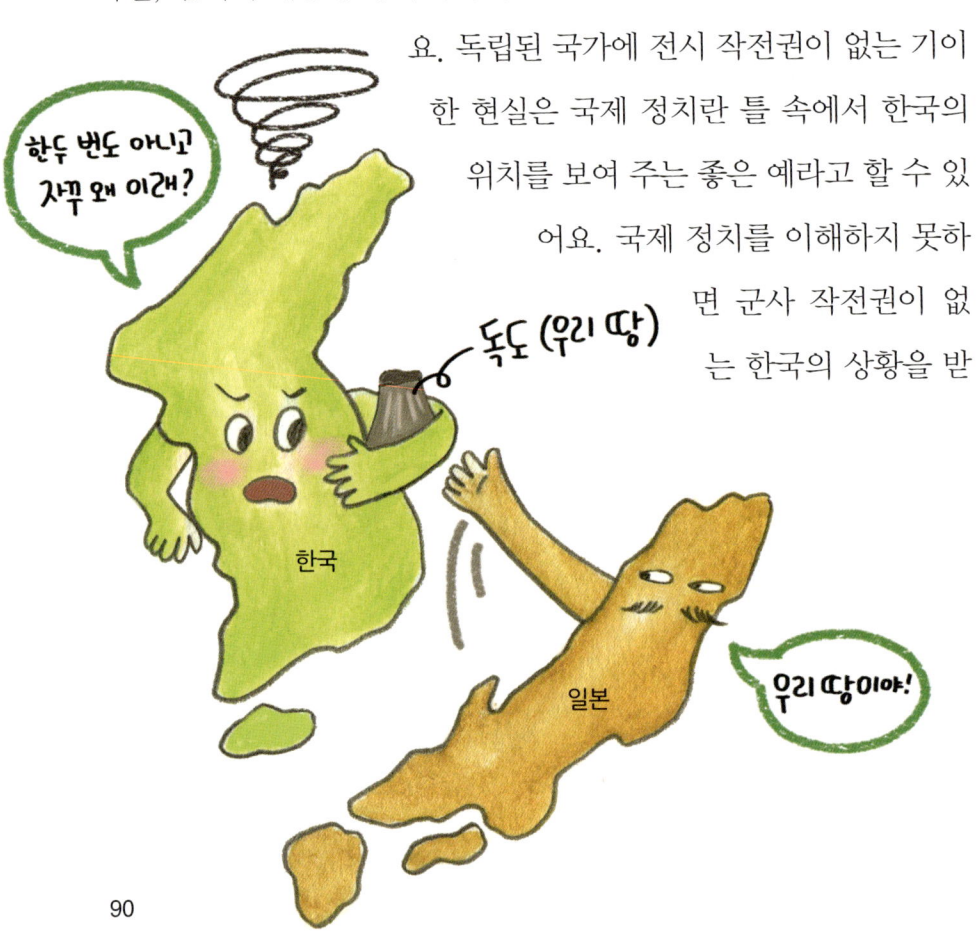

아들이기 어렵죠.

일본과의 관계도 국내 정치에 큰 영향을 주고 있어요. 심심찮게 터져 나오는 '독도 분쟁'이 그런 예 중 하나죠. 독도가 도대체 누구네 땅이냐를 두고 한국과 일본은 오랫동안 옥신각신했어요. 서로 역사적 근거 자료를 들이밀기도 하고, 현재 누가 지배하고 있느냐를 따져 보자는 주장도 했죠. 대체로 너무 민감한 사안이다 보니 논란의 종지부를 찍기보다는 대충 덮어 두는 때가 많지만 종종 두 나라의 정치 현안으로 떠오르기도 합니다. 일본이 갑자기 독도는 자기네 땅이라는 주장을 전면에 내세우게 되면 한국에선 이런 일본의 주장을 정면 반박을 할 건지, 아니면 무시하는 전략으로 갈 건지를 놓고 한바탕 난리가 나죠. 각 정당에서 성명을 발표하고 정부에서도 이런저런 말들을 내놓아 금세 시국 토론이 벌어지기도 해요. 국제 정치 이슈가 곧 국내 정치의 핵심 소재로 등장하는 거죠.

이런 문제로 한·일 간 갈등이 빚어지게 되면 독도 문제는 단지 땅 문제만이 아니라는 사실을 모두가 알게 되어요. 두 나라 간 관계가 냉랭해지면 두 나라 사이에 맺고 있던 경제 약속, 이를테면 두 나라의 돈이 필요할 때 맞바꾸는 한·일 통화 스와프 협정 같은 것들도 파기되고, 그리하여 양국의 기업들도 곧바로 영향을 받곤 하죠. 독도 분쟁은 국제 정치 이슈가 우리 땅 평범한 사람들의 일상에 깊이 스며들어 있다는, 그래서 관심을 가져야 한다는 사실을 여실히 보여 줍니다.

국제 정치의 핵심으로 '북한' 문제를 빼놓을 수 없습니다. 우리나라에 가장 큰 영향력을 행사하고 있는 미국이나 일본, 중국과의 관계도 '북한 문제'에 대한 해법에 따라 출렁이곤 합니다. 북한은 우리에겐 대치하고 있는 상대이기도 하지만 같은 민족이기도 한 매우 이중적 성격을 가진 국가인 터라 한국으로선 상대하기가 여간 까다로운 대상이 아닐 수 없어요.

단적으로 우리나라 헌법이 대한민국의 영토를 한반도 전체로 두고 있는 데서 보듯이 북한의 실체를 인정하지 않죠. 하지만 정부 부처 내에는 북한을 상대하는 통일부나 외교부가 있듯이 현실에선 북한의 존재를 인정하고 있어요. 앞뒤가 맞지 않는 듯 보이고 헌법에 위배되는 것 같지만 국제 정치에선 이런 모순된 상황이 곧잘 일어납니다. 한쪽만 바라보자면 한미 동맹이나 한일 동맹을 더욱 굳건히 하는 게 가장 좋은 선택이지만, 같은 민족이고 언젠가는 통일을 해야 한다는 생각에 더 무게를 둔다면 한국은 일본이나 미국과의 관계도 상황에 따라 갈등을 감수할 수도 있고 협력을 강화할 수도 있는 거지요.

한미 또는 한일 동맹 강화 주장이나 자주적 외교론 사이에는 그 간극이 너무 커요. 특히나 2016년에 북한이 미국까지 쏠 수 있는 핵 미사일 개발에 성공하면서 이런 복잡한 국제 관계는 좀 더 복잡해졌어요. "미국 땅이 위태로운 상황에 몰렸다."라며 많은 사람들이 미국과 북한의 관계가 더 얼어붙을 것으로 예상했지만, 전개되는 모습은 또 달라요. 외려 북한과 미국 정상 간 회담은 물론 남북 정상 회담도 열리는 등 평화 분위기가 형성되고 있으니까요.

한반도 밖 국제 정치에 귀를 기울여요

미국과 중국의 갈등을 흔히 '무역 전쟁'이라고도 해요. 미국은 중국 기업이 미국에 물건을 팔지 못하도록 압박하기 위해 미국 내 수입품에 비싼 세금을 물리기로 했어요. 본래 100원 하던 물건에 세금을 50원 더 붙이면 물건값이 150원이 되어서 비싸지잖아요. 그러면 중국 물건은 미국에서 예전처럼 잘 팔리지 않게 되겠지요. 중국은 또 가만히 있을까요? 그렇지 않죠. 중국도 미국산 물건에 세금을 더 붙이기로 했어요. 서로 수입품에 세금을 더 많이 덧붙이다 보니 두 나라 간 무역 규모는 줄어들게 될 거예요. 이게 우리나라랑 어떤 관계인지 간단히 살펴볼게요.

중국에서 만들어지는 물건에는 한국에서 만든 부품들이 많이 들어가요. 중국에서 완제품을 만들긴 하지만 그 안에 한국산 부품이 들어간다는 거죠. 중국에서 만든 완제품이 국제 시장에서 잘 팔리지 않는다면 자연스레 중국에 수출하는 한국산 물건도 잘 안 팔리게 되는 결과를 낳는 셈이에요. 겉으로는 중국과 미국이 한판 싸움을 벌이는 것처럼 보이지만, 그 속을 들여다보면 두 나라의 갈등에 우리나라 경제가 휘청일 수 있게 된다는 거죠.

 심지어 두 나라 간 싸움이 깊어지고 길어지게 되면 다른 과정을 통해서도 우리나라가 곤란한 상황에 처하게 될 수 있어요. 둘 사이의 대립이 격화되면 어느 한 나라가 우리나라에 이렇게 요구를 하는 거죠. "한국은 누구 편에 설 거냐?" 무역 분쟁이 그야말로 정치의 최대 이슈가 되어 버리는 거죠.

 앞서 말했듯이 한국은 군사적으로 미국의 영향권 아래에 있지만, 경제적으로는 중국과 더 밀접한 관계를 맺고 있어요. 어느 한 나라를 선택할 수 없는 처지인 셈이죠. 이럴 때 잘 대응하기 위해선, 또는 이런 상황을 잘 이해하기 위해선 국제 정치를 먼 산 보듯이 해선 안 되겠지요?

내 동생도 알아듣는 쉬운 정치

2019년 1월 29일 1판 1쇄
2024년 2월 5일 1판 5쇄

글쓴이: 김경락 | 그린이: 이민혜

편집: 최일주, 이혜정, 김인혜 | 디자인: 진예리 | 교정: 한지연
제작: 박홍기 | 마케팅: 이병규, 양현범, 이장열, 김지원 | 홍보: 조민희
인쇄: 코리아피앤피 | 제책: J&D바인텍

펴낸이: 강맑실 | 펴낸곳: (주)사계절출판사 | 등록: 제406-2003-034호 | 주소: (우)10881 경기도 파주시 회동길 252 | 전화: 031) 955-8588, 8558 | 전송: 마케팅부 031) 955-8595 편집부 031) 955-8596 | 홈페이지: www.sakyejul.net | 전자우편: skj@sakyejul.com | 블로그: blog.naver.com/skjmail | 페이스북: facebook.com/sakyejulkid | 인스타그램: instagram.com/sakyejulkid

ⓒ 김경락, 이민혜 2019

값은 뒤표지에 적혀 있습니다. 잘못 만든 책은 구입하신 서점에서 바꾸어 드립니다.
사계절출판사는 성장의 의미를 생각합니다. 사계절출판사는 독자 여러분의 의견에 늘 귀 기울이고 있습니다.
이 책은 저작권법에 따라 보호받는 저작물이므로 무단전재와 복제를 금합니다.
이 책에는 ㈜위드이노베이션이 제공한 잘난체가 적용되어 있습니다.

ISBN 979-11-6094-428-0 73340
ISBN 978-89-5828-770-4 (세트)